AF262021

POLITIQUE POUR TOUS

PAR

ALCIDE DUSOLIER

Prix : 75 centimes

PARIS

ARMAND LE CHEVALIER, ÉDITEUR

RUE DE RICHELIEU, 61

1869

POLITIQUE POUR TOUS

Paris. — Imp. Émile Voitelain et Cⁱᵉ, 61, rue J.-J.-Rousseau.

POLITIQUE POUR TOUS

PAR

ALCIDE DUSOLIER

« Les historiens ne nous montrent partout
« que des combats continuels entre des sou-
« verains tendant au despotisme et la liberté
« des peuples faisant des efforts pour se défen-
« dre ; dans cette lutte perpétuelle tantôt l'un
« a le dessus, tantôt l'autre vient à bout de
« remporter quelque avantage. Sous des prin-
« ces faibles et timides, les nations arrachent
« parfois des titres favorables à leurs justes
« droits ; sous des princes actifs et puissants,
« elles sont privées de leurs droits les plus in-
« contestables. »

(D'Holbach, *Système social.*)

PARIS

ARMAND LE CHEVALIER, ÉDITEUR

RUE DE RICHELIEU, 61

—

1869

AVANT-PROPOS

Presque tous les morceaux dont ce petit volume se compose ont paru dans divers journaux. Si je les rassemble aujourd'hui, c'est que, publiés isolément et à des intervalles plus ou moins rapprochés, ils procèdent pourtant d'une inspiration une, et sont, en réalité, de la même famille : ils devaient, naturellement, se retrouver et se rejoindre.

Jamais, au cours de ce travail, je n'ai cessé d'avoir en vue la masse, « le plus grand nombre, » auquel les publications politiques, journaux ou livres, s'adressent trop rarement, — comme si, dans un pays de suffrage universel, ce n'est pas pour *tous* qu'il faut écrire, sous peine de montrer qu'on n'a pas conscience du temps et du milieu où l'on vit !

Écrivant pour tous, je devais exprimer des idées simples en un style clair et familier, accessible à tous : je m'y suis constamment efforcé.

A. Dusolier.

20 avril 1869.

POLITIQUE POUR TOUS

ARMÉE ET MILICE

Le nouveau projet de loi sur l'armée redouble
les coups portés par les anciennes dispositions
    Au principe démocratique,
    A la liberté,
    Au travail,
    A la richesse,
    A la force matérielle,
    A la gloire bien entendue de notre pays.
L'occasion est unique d'affirmer l'idée moderne, de revendiquer l'incarnation immédiate
de cette idée dans les faits, en réclamant avec
énergie, non pas telles ou telles modifications
au projet gouvernental, mais la suppression pure
et simple de l'armée. Le renvoi de nos soldats
ne fut jamais plus opportun, plus nécessaire,
moins périlleux pour notre sécurité : comme
j'espère l'établir dans la suite des réflexions que
m'a suggérées ce grand sujet.

Il ne fait plus doute aujourd'hui pour toute personne de sens et de bonne foi que l'armée française ne soit une institution peu démocratique et peu libérale : d'abord, par le mode de recrutement, puisque la conscription frappe presque exclusivement sur la classe laborieuse, sans autre chance pour le travailleur d'échapper à l'enrégimentation que la chance si rare du « bon numéro, » et qu'elle méconnaît ainsi l'égalité de tous les citoyens devant la loi ; en second lieu, parce qu'aux mains d'un prince tyrannique, l'armée, constituée comme elle est, menacerait perpétuellement la liberté..... Égalité, liberté, voilà donc atteints par notre législation militaire les deux principaux dogmes de la Révolution.

En suite de ces atteintes profondes à nos principes les plus chers, la conscription a l'inconvénient de créer, dans une nation qui prétend avoir aboli toutes les distinctions de classes et les avoir fondues dans la seule et même qualité de citoyens, deux castes bien tranchées et de mœurs ennemies : les soldats et les *civils*.

Depuis longtemps déjà toutes ces remarques ont été faites.

J'ajouterai, pour ma part, en ce qui regarde l'inégalité devant la conscription, que cette inégalité est plus criante qu'elle ne le paraît au premier examen. On ne peut nier, en effet, qu'à l'époque où le *sort* l'empoigne (s'il ne s'est pas fait remplacer), c'est-à-dire aux environs de sa majorité, le fils du bourgeois ou du noble n'est bon, dix-neuf fois sur vingt, qu'à manger de l'argent à sa famille, ou lui est, tout au moins, d'une maigre utilité, tandis que le fils de l'ouvrier et du paysan est *nécessaire* aux siens. Avec lui part le membre le plus actif et le plus vigoureux de cette association naturelle, la famille, qui, par ce départ, est affaiblie toujours et souvent livrée à la misère.

Dans les pays de métayage, où le paysan ne possède pas la terre et travaille le sol d'autrui, à la condition qu'il aura la moitié de la récolte (*méta*, moitié, d'où métayer), les périls de ruine, suspendus par la conscription sur les familles rurales, frappent tout le monde par leur évidence. Combien de fois, le fils parti, l'association n'est plus assez forte pour faire valoir la métairie! Qu'arrive-t-il alors? Que le maître renvoie père, mère et sœurs, — et les voilà tous abandonnés aux hasards de la faim jusqu'à ce qu'ils aient trouvé quelque petit domaine où s'établir, bien petit, une borderie, dont l'exploitation acharnée, châtaignes et pommes de terre aidant, les fera subsister à peine.

Jugez maintenant si la conscription est chose démocratique,

N'a-t-on pas osé pourtant, mainte et mainte fois, proclamer la conscription conforme aux principes de la démocratie la plus exigeante !

Misérable abus des termes !

Oui, l'on joue sur les mots quand on soutient que l'armée, étant composée pour les neuf dixièmes du *peuple* travailleur et producteur, la conscription est, par cela même, une institution *démocratique*... Eh ! c'est justement le contraire, c'est justement parce que l'armée se recrute à peu près exclusivement dans les classes laborieuses, et que le service militaire pèse particulièrement sur elle, que la législation en vigueur est antidémocratique au suprême degré !

Imbécile, qui ne le voit pas ! sophiste, qui le conteste !

Je reviens à mes moutons, — aux paysans, veux-je dire. Pauvres moutons, en effet, tondus, en attendant qu'on les égorge !

L'État, ai-je écrit, arrache le paysan à sa famillé, juste à l'heure qu'il en est la force et la richesse; c'est aussi l'époque où le garçon va prendre femme et donner deux bras de plus à la métairie : car le paysan se marie très-jeune (quand le sort l'a épargné); il se marie à vingt-un, vingt-deux, vingt-trois ans, bref, aussitôt qu'il le peut, — parce que se marier, pour lui, c'est s'enrichir : dans les familles de cultivateurs, plus on est nombreux, plus on est à l'aise.

Or, le nouveau projet recule jusqu'à la trentième année le mariage du paysan; trente ans au lieu de vingt-un ! Tirez les conséquences!

Vraiment, on ne conçoit pas (et je passe ici de l'intérêt du paysan à l'intérêt général), on ne conçoit pas une disposition pareille après la leçon donnée par des statistiques récentes. Il résulte, en effet, d'un tableau synoptique du mouvement de la population chez tous les peuples européens, depuis cinquante ou soixante ans, que le nombre des Français a progressé dans des proportions infimes, par rapport à celui des habitants de n'importe quel pays du continent : de telle sorte que si, pendant cent années encore, cette proportion se maintenait, nous deviendrions forcément un des petits peuples, un des faibles peuples de l'Europe, un de ceux qui ne comptent plus.

Or, le ralentissement relatif de notre population vient (on l'a dit avant moi) d'abord des guerres qui ont désolé le commencement de ce siècle, ensuite des lois prohibitives du mariage, qui régissent l'armée française, et qu'on va rendre plus dures encore !

Parlerai-je ici de la charge considérable dont l'entretien d'une armée permanente accable les imposés? Deux mots suffisent, chacun pouvant se rendre compte par soi-même.

En temps de paix, l'armée engloutit au moins le quart du budget... Qu'est-ce donc en temps de guerre? Sans rappeler le milliard, ou bien près, jeté dans l'aventure mexicaine, la seconde expédition de Rome nous coûte, dès à présent, cinquante millions. Cinquante ! Et il s'agit d'un transport de vingt mille hommes seulement, transport qui n'a duré que deux jours, et d'un mois d'existence tout au plus en pays étranger.

La dépense exorbitante, infligée à la nation par l'entretien d'une armée permanente, est naturellement *improductive*, reproche non mince à lui faire ; mais voici bien pis. Improductive, elle est encore, passez-moi ce mot barbare, *contre-productive*, puisque la conscription arrache aux villes et aux champs quatre, cinq, six cent mille hommes, tous *travailleurs*, et les plus robustes du pays : aussi peut-on dire que l'armée empêche une production au moins égale à la dépense directe qu'elle fait. Ce n'est donc pas seulement cinq ou six cent millions qu'elle prélève sur la fortune publique, mais réellement, au bas mot, douze cent millions qu'elle coûte à la France.

Et cela en temps de paix.

———

On voit combien de motifs sérieux pour supprimer l'armée permanente ! Il me reste à démontrer que, loin d'y perdre, la vraie gloire et la sécurité de la France gagneront assurément à ce qu'elle soit remplacée par une milice citoyenne.

Le Français, tout le monde en convient, est de tempérament militaire, il a l'instinct soldat; nous sommes, de tous les peuples, évidemment celui qui, par ses dispositions naturelles, a le moins besoin d'une initiation longue et minutieuse aux choses des armes. Prendre au conscrit *tout son temps*, le séparer pendant sept à huit années de suite de sa famille et de ses travaux, outre que c'est vexatoire pour lui et ruineux pour la nation, est donc parfaitement inutile. Il n'y a pas de pays en Europe où l'on puisse, mieux que chez nous, substituer la milice à l'armée, sans crainte d'avoir, l'heure venue, des soldats inférieurs aux victoires qu'il faudra remporter !

Nous valons, d'ailleurs, surtout par l'impétuosité, et l'impétuosité ne s'apprend pas à l'école de peloton.

Pour citer un seul exemple à l'appui de mon dire, mais décisif et comme proverbial, qu'étaient donc ces Français qui, dans les années **1792** et suivantes, accomplirent tant de prodiges et rejetèrent si prestement par dessus la frontière les armées permanentes des rois? Des volontaires ! Une milice, — une milice organisée du jour au lendemain !

Remplacez l'armée par la milice, vous quintuplez nos forces : au lieu de six cent mille, nous avons trois millions de baïonnettes à présenter aux convoitises étrangères.

Cette milice, il est vrai, si formidable qu'elle soit et quelque juste confiance qu'elle puisse avoir en l'issue des batailles, il ne sera pas facile de la prendre à la vie civile pour lui faire courir les aventures, au nom de je ne sais quelle gloire insensée. Voilà justement l'avantage immense ! avec la milice, les guerres injustes ou inutiles, les fantaisies *héroïques* deviennent impossibles, il n'y a plus que les guerres nécessaires, les guerres pratiques ; et, dans l'état actuel de la France, les seules guerres nécessaires sont les guerres défensives.

Quand la France n'aura plus d'armée permanente, elle n'aura plus d'ennemis ; le jour où nous ne ferons plus peur, nous n'aurons plus rien à craindre ; les armées permanentes n'empêchent pas, elles provoquent l'invasion : elles sont à redouter surtout pour la nation qui les nourrit et qui les paie.

Depuis quelque temps, je le sais, les vieux ennemis de la démocratie, les commanditaires du despotisme effraient les simples et les irréfléchis d'une Allemagne-Croquemitaine qui voudrait mordre aux bords de l'Unité française. On nous crie : « Petits enfants, prenez garde à vous ! » On nous répète que nous sommes bien petits, en effet, et bien faibles, qu'il nous faut de nouveaux régiments, encore et toujours, ou nous allons être dévorés par l'ogre !

Et nous armons, nous armons sans cesse ; nous préparons une loi, dont le projet seul fournit à M. de Bismark l'occasion de « jouer au menacé, » tout comme nous, et d'exploiter contre la démocratie de cette virile et solide Allemagne le spectacle de notre armée, déjà si puissante et qu'on veut renforcer encore ! Car elle *doit* « nous donner un jour ou l'autre la rive gauche du Rhin... » Le Rhin ! n'est-ce pas à nos criailleries répétées depuis je ne sais combien d'années : « Nous voulons le Rhin, nous prendrons le Rhin, » qu'on a vu, dans ces derniers temps, quelques fous d'Allemagne répondre, mais seulement *répondre*, par la revendication de l'Alsace et de la Lorraine ?

D'où vient la provocation ?

Soyons sincères : c'est nous qui, depuis Napoléon Ier, tenons l'Europe sur le qui vive et sommes les vrais trouble-paix.

La sanglante expérience que le monde a faite, au commencement de ce siècle, de nos ambitions démesurées, a créé partout, contre nous, une défiance qui ne cessera point que notre armée n'ait fait place à une milice citoyenne, purement *défensive* de sa nature.

On invoque le soin de notre sécurité, on nous montre le danger Bismark? Allez ! Quand M. de

Bismark ne pourra plus justifier la nécessité de son pouvoir dictatorial par le chiffre énorme d'une armée voisine, impatiente du combat parce que son métier est d'être une *armée* ; quand il ne pourra plus agiter devant l'Allemagne l'image de l'agression française, je ne lui donne pas trois mois pour être précipité du haut de son rêve autoritaire. Et l'œuvre démocratique, en Allemagne, de reprendre tout aussitôt son cours un moment interrompu. Or, qui dit œuvre démocratique, dit œuvre de paix : un peuple libre n'attaque jamais ; en revanche, c'est celui qui se défend le mieux.

Eh bien! cette chute du premier ministre prussien, elle est imminente, si nous y poussons tant soit peu. Pour le nier, il faudrait méconnaître la force manifeste du parti démocratique en Allemagne ; il faudrait avoir oublié qu'avant Sadowa le Parlement a refusé le budget quatre années de suite et s'est fait dissoudre quatre fois consécutives.

On a beau *s'être couvert de gloire*, on ne tue pas la justice et la raison. Tout isolé qu'il paraisse aujourd'hui sur les bancs de la Chambre, le docteur Jacoby est en réalité plus puissant que M. de Bismark, qui n'a réussi à serrer autour de lui les députés allemands qu'en leur faisant peur de notre armée et leur disant sans cesse :

« Commençons par être forts... nous serons libres ensuite. »

Libre? il dépend de nous que l'Allemagne le soit demain ! La faisant libre, nous nous faisons riches ; en avançant le triomphe de la démocratie germanique, nous hâtons l'accomplissement de la démocratie française ; en rassurant ce grand peuple, nous assurons la sécurité de nos frontières.

Pour résumer ce point, la situation présente de l'Allemagne doit nous confirmer dans l'idée que, loin d'accroître notre armée permanente, il faut la remplacer au plus tôt par une milice citoyenne, naturellement et purement défensive, je le répète.

———

Avant de finir, je vais répondre à cette objection *pratique*, qu'on pourrait élever contre le licenciement de l'armée :

« Que ferez-vous des militaires renvoyés?... Nous ne parlons pas des simples soldats qui, n'ayant pas embrassé volontairement la carrière, retourneront avec joie, le paysan à ses labours, l'ouvrier au chantier ou à l'établi... Non, mais seulement des officiers qui, presque tous sortis des écoles spéciales, se sont préparés exclusivement et de longue main au métier des armes, et qui sur la foi des institutions de leur pays, se sont faits militaires à grands frais de travail et d'étude, comme d'autres se font avocats ou médecins : les pourrez-vous donc renvoyer bonnement ainsi, sans commettre une grande injustice, et le voulez-vous ? »

Nous ne le voulons certes pas.

D'abord, nous convenons qu'il faut conserver les armes spéciales, artillerie et génie, lesquelles demandent une initiation particulière et patiente qu'on ne peut imposer aux miliciens sans prélever trop de temps sur leurs occupations et l'exercice des professions civiles.

Donc, nul dommage causé aux officiers de ces armes.

Les autres seront naturellement préposés (avec conservation de leur grade et de leur solde) à l'éducation de la milice (1), et beaucoup atteindront ainsi tout doucement l'âge de la retraite.

Pour le reste, n'y a-t-il pas, dans les différentes administrations, bien des emplois auxquels ils conviendraient par leurs études antérieures et qu'on leur pourrait donner ?

_____

(1) Il ne s'agit pas, bien entendu, d'en faire les chefs de la milice, chefs qui doivent être *élus*, mais seulement les instructeurs.

Le problème « des officiers renvoyés » me paraît donc comporter une solution raisonnable et facile.

Je viens d'établir que le principe d'égalité, le salut de la liberté, l'intérêt de la production nationale, les raisons d'économie et notre sécurité bien entendue, exigent la transformation radicale de notre armée. Je ne veux pas clore ces observations sans ajouter qu'en supprimant l'armée et la remplaçant par la milice, NOUS ACCOMPLISSONS UN DEVOIR, — un devoir international.

Après avoir si longtemps et surtout, je l'ai déjà dit, dans les premières années de ce siècle, désolé le monde par notre folie conquérante et légitimé ainsi la défiance universelle à notre endroit, ne *devons-nous* pas être les premiers à lui donner l'exemple de la paix? Ne lui *devons-nous* pas cette réparation bienfaisante? N'hésitons plus, et méritons enfin d'être appelé par les nations reconnaisantes la grande France, nous qui ne sommes encore que la terrible France !

28 novembre 1867.

LA GLOIRE

Il faut déplorer que, au courant de la discussion sur la réorganisation militaire, aucun député, aucun sénateur ne se soit levé pour parler de la GLOIRE en termes raisonnables et nets, dignes d'un philosophe et d'un homme politique. Combien de choses utiles à dire ! L'occasion était toute naturelle, toute fournie, de prendre enfin à partie ce mot, d'emploi si dangereux, « la gloire, » de se demander ce qu'il contient, d'en établir froidement le véritable sens. Ainsi l'on eût débarrassé, non-seulement cette discussion-là, mais les discussions parlementaires à venir, de ces faciles et coupables déclamations sur « la gloire des armes » et « l'éclat du drapeau » qui reviennent sans cesse provoquer des applaudissements irréfléchis.

« ..... Qu'un orateur de budget, écrivais-je dans un volume récent, qu'un orateur de budget, empêtré dans ses chiffres, la tête perdue et ne pouvant plus se retrouver, agite à l'imprévu devant l'assemblée le drapeau tricolore, il triomphera de son auditoire. »

Je demande pardon de m'être cité, mais la citation ne constate-t-elle pas un fait trop vrai malheureusement?

Le mot « gloire » a, pour nous autres Français, quelque chose d'*absolu*; il suffit qu'on le jette au milieu d'un débat, tout nûment, sans l'expliquer, pour avoir raison — de nôtre raison.

Il semble vraiment que la gloire existe *par elle-même*, qu'elle soit un *but* à poursuivre, un *résultat* à conquérir, indépendants du fait ou du sentiment qui nous met les armes à la main ! Guerroyons-nous pour une cause juste, soutenons-nous une cause inique, peu importe : dans le second, comme dans le premier cas, *pourvu que nous battions l'autre peuple*, nous avons augmenté notre gloire.

Est-il possible, grands dieux ! qu'au temps où nous sommes, après tant de philosophes et de publicistes honnêtes, après tant de superstitions et de préjugés sociaux abattus, un sentiment si grossier subsiste en l'âme des fils de la Révolution !

Aimer la force pour elle-même, comme des sauvages, comme des enfants, nous, le dix-neuvième siècle ! c'est à confondre et à désespérer.

Quoi! tout vainqueur serait glorieux ! On pourrait se vanter de toutes les victoires ! Toutes, indistinctement, contribueraient à l'accroissement de la gloire nationale ! — Hélas ! se laissera-t-on duper éternellement par des mots ?

Mais, songez-y donc ! nous pouvons battre l'univers entier, et n'avoir aucun motif d'en être fiers ! Gagner une bataille, ç'a été souvent (l'histoire est là) gagner la honte.

Soyons enfin des hommes. Ne souffrons plus l'intrusion, dans nos débats et nos écrits, des mots enjôleurs... Désormais, quand, pour emporter notre approbation, on nous parlera drapeaux et canons pris sur l'ennemi, assauts héroïques livrés par nos soldats ; quand, pour tout dire, on nous parlera GLOIRE, défions-nous et demandons avant tout :

« Vous prétendez que vous nous avez donné de la gloire... Avez-vous fait triompher la Justice ? »

18 février 1868.

LA DERNIÈRE GUERRE

Certaines gens déclarent avec la plus sérieuse conviction que la France doit faire *encore une fois* la guerre, la guerre seule pouvant, à leur avis, fonder la paix définitive. Faire la guerre, c'est faire la paix !

Ces belliqueux « pour le bon motif » se trompent grossièrement.

Jamais une guerre, hors les guerres d'indépendance, n'a rien terminé ni rien fixé. Et il ne faut pas s'attrister de cette stérilité des victoires. mais bien plutôt se réjouir de ce que le triomphe de la force n'amène que des résultats éphémères. Cela est consolant.

La guerre fondant la paix et la justice ! Comme si une guerre, par les malheurs iniques, les désastres aveugles dont elle est pleine fatalement, et qu'elle répand sur le monde, aboutissait jamais à autre chose qu'à ressusciter les haines entre les peuples, à leur donner plus d'accent, à les justifier presque !

Non, ne croyez pas ces sophistes. La guerre d'aujourd'hui ne peut rien enfanter... que la guerre de demain. Voilà la vérité, et toutes les

belles phrases sur les conquêtes « définitives »
obtenues par le canon, seront impuissantes à
faire prendre le change aux hommes de sens et
d'honnêteté.

20 avril 1868.

LE POETE DE LA PAIX

A toutes les époques et dans tous les pays, les poëtes ont aimé la gloire militaire et l'ont célébrée en des vers innombrables comme les balles semées, en Europe, sous le premier Empire. Un peu femmes de leur nature, êtres nerveux et de sensation, presque tous sont fatalement séduits par l'éclat des uniformes, par les rayons que le soleil allume aux fusils, aux sabres et aux épaulettes luisantes des officiers. Les ran tan plan du tambour, les appels vibrants de la trompette, les chocs des régiments, tout cela ébranle leur imagination et la frappe, et les voilà qui résonnent et qui retentissent à l'envi !

V. Hugo (n'en rougit-il pas aujourd'hui) a chanté les tueurs d'hommes ; — Béranger, le Benjamin gâté des libéraux de la Restauration, Béranger lui-même n'a-t-il pas suspendu plus d'un hommage poétique aux grilles de la colonne Vendôme ? Hélas ! plus que pas un, il a entretenu le goût féroce de la gloire, le culte des conquérants dans le peuple français, et spécialement l'adoration de celui qui fit tuer deux millions de citoyens et désola les nations étrangères pour laisser, en définitive, la France plus petite qu'il ne l'avait reçue ou, plutôt, qu'il ne l'avait prise !

Par ce côté, Béranger et Victor Hugo ne sont pas *modernes*, au sens exact du mot : ils appartiennent aux siècles barbares, je les regarde comme de purs féodaux, et encore !... Je sais en effet un poëte du Moyen Age qui a parlé de la guerre en démocrate contemporain, c'est-à-dire en lui laissant son caractère vrai, en la montrant toute nue. Ce vieux poëte — si jeune ! — qui osait, en plein règne de la force et de la brutalité, arracher leur panache aux héros, s'appelle Martial d'Auvergne. Né en 1420, mort en 1508, il fut procureur au Parlement de Paris pendant cinquante années, et resta toute sa vie l'ami des opprimés, ainsi que l'atteste cette belle inscription qu'on lit sur son tombeau : *Director ac nutritor pauperum*, le conseil et le soutien du peuple.

Ah ! il n'aimait guère les généraux ni les tyrans, ce brave homme, et voici comme il célébrait la gloire :

> Hé, n'est-ce pas moult grant pitié
> Qu'à cause du train de la guerre,
> Qui ne vient que d'inimitié,
> Il faille tant de maulx acquerre :

Femmes devenir en veuvage,
Enfants perdre leur père et mère,
Et les filles leur mariage...
Hélas ! quelle douleur amère !

User de force et de puissance,
Pucellés ravir, defflorer,
Femmes prendre par vïolence,
Puis tout piller et dévorer !

Tuer, battre povres chevaulx
En menant à l'artillerie,
Et faire cent mille travaulx
Dont la vengeance à Dieu crie !

Vivre sur les champs en servage,
Brigans meurtrir à grants monceaulx
Povres bonnes gens de village,
Les emmenant comme pourceaulx !

Il n'est cueur si très dur et fier
Qui, pour itels grands maulx restraindre,
Ne soit tenu de s'employer
Et à son povoir guerre estaindre.

Roys et princes qui gouvernez,
De vos subjets ayez mémoire
Et en paix les entretenez :
Car Dieu vous en donra victoire.

Dites, quel vivant parle comme ce mort ? Lequel a traduit en vers énergiques les plaintes des travailleurs de ce temps ?

Allons, poëtes, vite des odes qui maudissent la guerre ; vite des chants qui nous vengent de tout ce qu'on nous a fait subir au nom de la gloire militaire ; et que ces chants soient simples, émus et bien rhythmés pour se fixer à jamais dans la mémoire du peuple.

25 avril 1868.

SUR LE DROIT DE RÉUNION

I

On vante le siècle pour ses découvertes ; une des plus étonnantes, au jugement de la postérité, sera certainement celle du droit de réunion, à laquelle nos divers gouvernements procèdent tour à tour. On ne s'émerveillera jamais trop qu'ils *trouvent* périodiquement ceci : Des hommes, vivant en société, peuvent se réunir par groupes plus ou moins nombreux, pour délibérer et s'entendre sur la chose commune.

Que l'intérêt général soit discuté par la collectivité des intérêts particuliers, voilà qui semble tout d'abord conforme à la raison, rien de plus axiomatique..... Eh bien, non : rien de moins accepté ! Et, nous le répétons, il faut une hardiesse d'inventeurs, en France principalement, à ceux qui affirment cette vérité nécessaire.

Est-il assez incroyable qu'un peuple perde à ce point la notion de société ? Car admettre que le gouvernement peut donner ou reprendre à son caprice, le droit de réunion, n'est-ce pas reconnaître qu'il peut à sa fantaisie retrancher à la société un de ses attributs essentiels, c'est-à-dire la défigurer, la mutiler?

État de société et droit de réunion, deux termes inséparables.

Hélas! les catégories de citoyens que nous appelons chez nous les classes conservatrices n'ont plus souci des principes; et, quand on fait mépris des principes, autrement dit quand on a volontairement oublié le commencement, l'origine, il est impossible de tendre avec quelque suite et quelque intelligence vers l'accomplissement du progrès : on est rejeté sans cesse de droite et de gauche, on va au hasard des expériences journalières, à la merci des amis du fait et du détail, à la merci des gens purement *pratiques*, ces adversaires violents de tout principe et, par conséquent, de tout droit. Et un beau jour qu'on veut regarder en avant et se rendre compte du chemin, on se trouve prisonnier dans les conventions, les mensonges de toute sorte, dont les hautes murailles dérobent la vue nette de l'avenir; on croyait avancer, on n'a fait que venir et revenir sur ses pas et dans une étroite cour de prison! On croyait vivre, on s'agitait dans la mort!

Ah! les terribles gens, ces hommes pratiques qui, au lieu d'honorer et de servir le Droit, de l'*appliquer* fidèlement, font profession de s'en passer ; qui voient seulement des détails, jamais un ensemble ; qui confondant bêtement l'ordre avec le désordre tranquille, se figurent pouvoir établir autre chose que l'instabilité, en dehors des principes ! Que de temps perdu par leur orgueil imbécile ! Et quel découragement jeté dans les esprits !

II

Pour quiconqne a réfléchi deux minutes, l'exercice de tout droit concourt nécessairement à l'harmonie générale et tourne à l'avantage de la société. *Impossible que cela ne soit pas.* Aussi devrait-il suffire, pour épuiser le sujet qui nous occupe, de couronner les considérations précédentes par ce syllogisme décisif :

> Se réunir est un droit ;
> Or, l'exercice de tout droit est bon ;
> Donc se réunir est bon.

Nous allons cependant signaler aux gens simples, très-simples (qui veulent qu'on prouve que deux et deux font quatre), quelques-uns des résultats excellents que produirait spécialement chez nous, où la souveraineté populaire est inscrite dans la loi, le plein et libre exercice du droit de réunion.

III

Incontestablement, l'éducation du suffrage universel n'est pas faite ; incontestablement aussi, tant qu'elle ne sera pas faite, le suffrage universel reste aux mains de la bourgeoisie ; il n'est, en réalité, sous un autre nom, que le suffrage restreint d'autrefois, et, partant, ne peut donner ses fruits propres.

Or, pour faire cette éducation, pour hâter l'épanouissement de la démocratie, pour mettre le suffrage universel en possession de lui-même, quel moyen tout simple et tout indiqué ? Assurément, la presse est une bonne institutrice ; mais la *parole* me semble, surtout à l'heure présente, d'une application plus immédiate et plus efficace. Combien de Français, en effet, ne savent par lire ! Je pourrais citer, pour ma part, nombre de départements du Centre et du Midi, comme la Creuse, la Dordogne, la Haute-Vienne, la Lozère, le Cantal, etc., etc., où les deux tiers de la population rurale et un bon tiers de la population ouvrière des villes ne connaissent pas leurs lettres. — Mais si tout le monde ne sait pas lire, tout le monde, hors les sourds, peut entendre.

« Ils ne savent pas lire ? On leur parlera ! »

De quoi parler au peuple et sur quoi provoquer son opinion ?

De tout — et sur tout.

Car je ne suis pas de ceux qui voient dans la politique une science exigeant une longue initiation, des études spéciales et patientes.

La politique, du moins comme l'entendent les honnêtes gens, est affaire de bon sens, la plus simple du monde, accessible aux intelligences les moins préparées. Croyez-vous que sur les questions les plus intéressantes, celle de paix et de guerre, par exemple, l'ouvrier, l'agriculteur, le petit commerçant, le plus grand nombre enfin ne puisse donner utilement son avis? Je dis : donner son avis, non : l'imposer. La représentation nationale seule a mission pour conclure, on ne doit admettre qu'elle comme pouvoir décidant, sous peine de provoquer des chocs, des conflits quotidiens entre les mandants et les mandataires. Mais de quelle importance ils seront, les vœux émis par les assemblées de citoyens! Ils seront l'immense valeur d'une *pétition directe, dont les termes auront été fixés après discussion!*

Ainsi, grâce au droit de réunion, une communion ininterrompue s'établissant entre la nation et ses représentants, naîtra l'harmonie politique.

IV

J'écrivais ailleurs, il y a quelques mois :

« Si l'on pouvait maintenant traiter sans précautions ce grand sujet, le moins expert aurait bientôt fait de prouver que les mêmes gens qui vantent les décrets centralisateurs de la première République doivent aujourd'hui pousser à l'émancipation de la province. Quoi que prétende certaine école à courte vue, la centralisation révolutionnaire, en effet, était, dans la pensée de ceux qui l'accomplirent, un moyen seulement, une *arme* — et non un but : elle ne fut pas dirigée contre les provinces mêmes, mais contre les influences aristocratiques, — influences qu'on ne pouvait frapper mortellement qu'en retirant pour un temps, des provinces à Paris, toute la vie politique. Cependant, l'idée moderne d'égalité prendrait connaissance d'elle-même, se préparerait, deviendrait apte enfin à s'emparer du pays — pour le renouveler.

« La République ne supprima donc pas et ne voulut pas supprimer, elle *suspendit* simplement l'action provinciale.

« La conclusion est facile à tirer.

« Maintenant que la démocratie a pour elle le nombre et l'élite, que rien plus ne la peut soumettre, — émanciper la province, c'est, naturellement, fatalement, mettre à l'œuvre démocratique une foule d'énergies toutes neuves, et, par suite, se montrer le fils intelligent et fidèle de la Révolution. »

Est-il besoin d'ajouter que, le droit de réunion pratiqué sérieusement, les citoyens habitués à discuter ensemble et à se concerter, la décentralisation est plus qu'à moitié faite, que ses bienfaits éclatent à tous les yeux, que, dans un délai prochain, elle se réalise comme d'elle-même et par la force des choses? Je crois superflu d'insister.

Il faut renoncer à faire défiler ici la série complète des résultats démocratiques où mène insensiblement le libre exercice du droit de réunion. Notons pourtant le suivant, qui n'est pas de mince importance.

Les avantages de l'association, une des clefs merveilleuses du problème social ; de l'association, par qui sera précipitée la réconciliation de ces deux frères ombrageux, le capital et le travail, et qui fondera la richesse des pauvres, ne sont malheureusement compris en France que par bien peu de groupes encore. Dans une foule de départements, les travailleurs les ignorent tout à fait, n'y ont pas même songé au moment où nous écrivons!

Mais cette ignorance funeste persistera-t-elle lorsque, le droit de réunion restitué, les intérêts du plus grand nombre arriveront en discussion devant le plus grand nombre? Évidemment non. Et si les bienfaits de la décentralisation apparaissent alors à tous les esprits, ceux de l'association les frapperont-ils moins?

Des réunions naîtront naturellement les associations.

V

Ces diverses conséquences du droit de réunion, que je viens d'indiquer en courant, ne sont pas immédiates, elles ne sont que prochaines. En voici une d'immédiate, par où je terminerai : elle a trait aux élections législatives.

Qu'arrive-t-il aujourd'hui? Comment se préparent les élections?

Le candidat envoie sous enveloppe ou remet de la main à la main son serment au préfet; — puis, il monte en voiture, court le pays, fait visite aux particuliers influents, aux électeurs-capitaines, dont il recherche les suffrages et qui commandent, chacun, une véritable compagnie de votants. Il va tour à tour chez le catholique, chez le démocrate, chez le conservateur... Il s'assied, — on cause, — et, comme il est poli et de bonne compagnie, il atténue ses opinions personnelles, les adoucit, les nuance de toutes façons, selon la couleur politique du visité : — il ne choque de front aucune des idées de son interlocuteur; — il insinue que, lui le candidat et moi l'électeur, nous sommes séparés seulement par l'épaisseur d'un cheveu, — par des apparences! « *Au fond*, nous sommes d'accord. »

Avec le démocrate, il convient à peu près que le budget de l'instruction publique est dérisoire, que l'armée impose inutilement de bien lourds sacrifices au pays, qu'il faut préférer plus de liberté, plus de lumières à plus de gloire, etc., etc.

Avec le clérical, il déplore l'affaiblissement des croyances religieuses, « base de toute société... » « Il n'est pas dévot précisément, mais il comprend à merveille la nécessité du pouvoir temporel, dont l'écroulement pourrait faire sentir son contre-coup aux assises de la famille et de la propriété... »

Chez le conservateur, le *principe d'autorité* a toutes ses louanges, d'autant que « la force, monsieur! la force seule peut fonder en France une liberté solide et durable, etc., etc. »

Mon Dieu! Je ne dis pas que tous les candidats aient employé ces manœuvres faciles. Je n'accuse personne. Nul même, je le veux, ne les a pratiquées. Mais enfin elles sont possibles, — et il faut les rendre impossibles.

Comment?

Par les réunions, où l'on invitera les candidats à s'expliquer *coram populo*.

Là, plus moyen de tout concilier à l'aide de nuances hypocrites; on se trouve face à face avec des citoyens ombrageux, dont plusieurs peut-être disputeront la candidature pour leur propre compte et qui vous presseront de questions précises. Les habiletés, encore une fois, les ménagements ne servent plus de rien. On ne vous demande pas d'être aimable, mais d'être net. Il faut se déclarer, choisir, il faut se COMPROMETTRE!

Blanche ou bleue, bleue ou rouge, vous êtes sommé de montrer votre couleur, — vous ne pouvez plus les marier toutes les trois.

Résultat : L'électeur sait désormais à quoi s'en tenir, il votera en connaissance de cause.

Et les professions de foi écrites, m'objectera-t-on, pour quoi les comptez-vous?

Les professions de foi écrites? Eh! vous n'ignorez pas que dix-neuf sur vingt ne disent rien du tout; qu'elles sont faites d'expressions vagues, de phrases *bonnes filles* (passez-moi le mot) qui se livrent aux interprètes les plus divers et obéissent à quiconque veut leur faire signifier n'importe quoi. Ne me parlez pas de ces déclarations imprimées, pleines de piéges et de sous-entendus, de ces déclarations — qui ne déclarent rien! Ce qu'il nous faut, c'est le candidat en chair et en os, là, devant nous, le candidat, interrogé, *examiné* par son juge et maître, le suffrage universel.

Donc, pas d'élection intelligente et sérieuse sans les réunions préalables.

VI

Il suit de ces diverses considérations, indiquées plutôt qu'exposées, qu'on doit restituer le droit de réunion, si l'on reconnaît vraiment la nation comme souveraine et si l'on veut lui permettre de faire son éducation de souveraine, et le restituer pleinement! Grâce aux pratiques du pouvoir, en effet, les esprits sont depuis trop longtemps façonnés à la timidité pour que les moindres entraves mises à la faculté de se réunir ne la rendent pas tout à fait illusoire.

Cependant, le droit de réunion effraie quelques braves gens, que leur amour d'un repos stérile et dangereux pour eux-mêmes rend d'une exigence déraisonnable envers la démocratie. Oui, sans doute, les premières assemblées n'auront pas lieu sans quelque tumulte et quelque confusion, il s'y dira bien des folies et bien des sottises. Quoi de plus simple? *Nous n'avons pas l'habitude!* C'est en forgeant qu'on devient forgeron, assure le proverbe; c'est en pratiquant la liberté qu'on apprend à être libre. Peu à peu le calme se fera de lui-même dans les délibérations; les écoliers bruyants deviendront des hommes posés et réfléchis. Il s'agit, pour l'heure, de se demander « si le jeu n'en vaut pas la chandelle, » si l'on ne doit pas se résigner à quelques émotions populaires lorsqu'on a pour but de substituer à l'ordre factice, où nous nous endormons sans souci du lendemain et sans sollicitude pour nos fils, l'harmonie sociale, et de conquérir enfin la paix et la justice.

Réglementer le droit de réunion, c'est le tuer au berceau, c'est reculer indéfiniment l'éducation politique du peuple souverain, — un souverain qu'on ne veut pas, sans doute, réduire à jamais à la condition de roi fainéant, au profit de je ne sais quels maires du palais! D'ailleurs, un droit est un droit; l'usage seul a qualité pour le réglementer; j'ajoute que, seul, il le peut intelligemment.

« Mais si, dans ces assemblées, un citoyen commet un crime, un délit? » Eh bien, n'y a-t-il pas des lois? Les magistrats n'appliqueront-ils pas l'article du Code pénal qui vise ce crime ou ce délit? Mais, pour Dieu! point de pénalités spéciales et nouvelles... Qu'est-il besoin de nous effrayer d'avance? Je vous le répète, nous sommes déjà bien assez timides!

C'est dire combien peu nous agréent les dispositions restrictives votées récemment par le Corps législatif, et que les officieux ont eu le

front de proclamer une « loi libérale. » Libérale,
grands dieux ! comme si, en matière semblable,
il pouvait y avoir une loi libérale autre que
celle-ci :

« *Article unique*. — Les citoyens ont le droit
de se réunir, sans armes, toutes les fois qu'ils le
jugent convenable, pour délibérer sur toutes les
questions qu'il leur convient de traiter. »

4 mai 1868.

LA PRESSE ET LE PEUPLE

Tout le monde ne se rend pas bien compte de l'utilité de la presse, et, par suite, de l'intérêt qu'a le pays à ce que la profession de journaliste s'exerce le plus librement possible. Que de fois n'ai-je pas entendu des personnes, qui se croient sages et réfléchies, s'écrier avec conviction : « il n'y aurait pas de journaux que ça me serait joliment égal ! » ou bien : « les journalistes ? un tas de farceurs qui ne servent à rien ! »

Je passe quantité de phrases dans le même goût.

Ces dédaigneux appartiennent, pour la plupart, à la bourgeoisie. Pleins d'eux-mêmes, fermés, par un intérêt mal compris, à toutes les idées nouvelles ; ne pouvant souffrir qu'on prétende les conseiller ou seulement les avertir ; vaniteux au point de voir un orgueilleux dans chaque publiciste, ils tiennent en haine les hommes de pensée et d'étude.

Aussi, l'écrivain s'adressera-t-il vainement à cette catégorie de lecteurs. Encre perdue. Les raisonnements les mieux trempés n'entameront point cet épais contentement de soi-même. Leur siége est fait! comme on dit, « ils savent à quoi s'en tenir... et les prenez-vous pour des imbéciles, par hasard? »

Puis, en somme, « la politique ne les regarde pas. »

Se confinant aux soins de leur profession particulière ou de leurs intérêts domestiques, ils croiraient perdre leur temps à se préoccuper tant soi peu de la situation du pays, — comme si les affaires privées ne recevaient pas nécessairement le contre-coup des affaires publiques! — quittes à pousser les hauts cris quand une catastrophe éclate sur leurs têtes.

De quoi te plains-tu? tu l'as voulu, Georges Dandin!

Ah! qu'ils sont différents de ces glorieux bourgeois, leurs pères, si patriotes, si libéraux, si jaloux de leur dignité de citoyens, si lestes à répondre aux impertinences du Pouvoir!

La presse doit se bien pénétrer de ceci :

Ce n'est plus dans la bourgeoisie que réside

l'énergie nationale, ce n'est pas d'elle que sortira l'avenir. Devenue sceptique, le scepticisme l'a stérilisée à jamais; en tant qu'initiatrice et que force politique, elle est morte maintenant et bien morte — comme la noblesse en 1789.

Ne l'oublions pas cependant. Elle a été longtemps à la peine, elle a préparé durant des siècles et fait, enfin, la grande Révolution, et, depuis, à deux reprises différentes, elle a chassé les rois qui avaient osé manquer de respect au pays. Aussi, nous honorerons sa mémoire; mais n'espérons plus en elle, ne lui demandons plus aucun effort : autant voudrait s'adresser à la tombe.

L'avenir est ailleurs.

Que la presse se tourne vers les travailleurs, que les écrivains consacrent tout leur savoir et tout leur cœur à l'éducation politique du *peuple*, qui, de par le suffrage universel, tient en ses mains les destinées de la France — et qui la fera ce qu'il sera lui-même. Puisque c'est à lui maintenant de s'atteler à la grande charrue, aidons-le à tirer droit et à creuser profond !

28 mars 1869.

LA RÉPUBLIQUE EN ESPAGNE

J'assistai, l'automne dernier, dans un salon de petite ville, à une discussion politique, dont les moindres détails me sont restés en mémoire. Je vais la rapporter fidèlement, ne la croyant pas sans intérêt pour le lecteur.

Il y avait là — dans ce salon = quatre ou cinq de ces personnages dits « sérieux » parce qu'ils méprisent les idées, les principes.,. et l'histoire ; — un jeune homme, amicalement nommé « le fou » parce qu'il prétend se rendre compte par lui-même, examiner avant d'approuver, se servir enfin de sa raison, l'insensé ! — quelques dames brodant autour d'une lampe, — et votre serviteur.

La discussion prit feu à la fameuse lettre de Prim publiée par *le Gaulois* (que le facteur venait d'apporter) et où ce militaire déclarait la forme monarchique indispensable au bonheur de l'Espagne.

A la demande générale, le « fou » lut tout haut cette lettre ; puis, posant le journal sur la table :

« Qu'en pensez-vous ? dit-il aux quatre hommes sérieux.

— Mais c'est fort bien vu ! répondirent-ils unanimement.

— Comment ! après avoir proclamé solennellement devant son pays que c'était aux Cortès, à la nation représentée, de décider quelle forme de gouvernement convient à l'Espagne, vous trouvez tout naturel que Prim préjuge ainsi la question ?

— Pardon, il ne la préjuge pas. Il ne fait qu'user d'un droit appartenant à tout citoyen, celui de donner son avis.

— Vous plaisantez sans doute. Est-ce que Prim, membre du gouvernement provisoire, et de plus maréchal, tenant l'armée dans sa main, peut émettre un simple avis ? Est-ce qu'il n'y a pas, dans la bouche d'un homme qui dispose d'une telle puissance, beaucoup plus qu'un conseil et comme une injonction ? et sa situation toute particulière ne lui commande-t-elle pas une réserve toute particulière aussi ?

— Ah ! si Prim eût préconisé *vôtre* république, vous ne parleriez pas de la sorte, soyez franc.

— C'est possible, répondit froidement le jeune homme.

— Parbleu ! nous le savions bien... et même,

s'il l'eût *imposée*, cette république, vous seriez capable de l'approuver?

— Eh bien! oui, monsieur, j'aurais applaudi, riposta le « fou » en s'animant... Oui! *parce qu'on n'impose pas la république!* parce que « imposer la république, » c'est comme si vous disiez : imposer la liberté, et ces deux termes ne vont pas ensemble.

— Bravo! fit ironiquement le groupe des sérieux.

— Ne me comprenez-vous point? voyons : voilà un peuple en proie depuis des siècles à la tyrannie monarchique. Un jour, ce peuple, excité par quelques citoyens, qui, en dépit de l'abrutissement public, n'ont jamais désespéré d'un retour de la fierté nationale, secoue violemment la vermine d'oppresseurs qui vivait sur lui; et, cette justice... non! cette toilette faite, les chefs de l'insurrection proclament la république sans désemparer, c'est-à-dire garantissent au peuple le moyen, le seul moyen de garder sa liberté qu'il vient de conquérir, lui assurent enfin la possession de lui-même... Et vous soutiendrez qu'ainsi faisant, ils ont fait acte de tyrannie! mais il va de soi, le gouvernement républicain; il est de nature, il est de raison, il est de droit, rien ne prévaut légitimement contre lui; il n'a pas besoin de la sanction des majorités!

— Allez toujours, monsieur le toqué.

— A votre aise, raillez tant qu'il vous plaira. Vous sentez bien que je suis dans la vérité.

— Mon Dieu! si vous y tenez, nous vous accorderons que la république est le meilleur et le plus beau des gouvernements, le seul conforme à la raison comme à la dignité humaine. Malheureusement, la république est impossible, entendez-vous? impossible chez les peuples de race latine et, particulièrement, en Espagne.

— Pourquoi donc? Et comment la forme de gouvernement, la plus raisonnable, de votre aveu, la plus juste, la plus belle, resterait-elle à jamais un rêve irréalisable pour les races latines? serait-ce parce qu'elles sont les plus intelligentes et les plus généreuses?

— Il n'y a pas de parce que....

— Mais encore?

— Cela ne se démontre pas. Ne savez-vous pas, d'ailleurs, que les républiques ne durent point?

— Voilà, vraiment, un argument victorieux! un gouvernement est jeté bas, et vous en concluez que *la forme* de ce gouvernement est *impossible!* mais, à ce compte, la forme monarchique l'est tout autant..., Seulement il y a cette différence, à notre avantage et à notre gloire, que les républiques ne périssent jamais de la main du peuple agissant dans sa pleine liberté, de son propre mouvement, mais sous les coups de sabre de quelque général ambitieux, traînant après lui des troupes « qui ne délibèrent point, » de malheureux soldats façonnés à l'obéissance passive — et que le général ferait fusiller s'ils n'obéissaient pas ; tandis que les monarchies, elles, sont toujours abattues par des citoyens parfaitement libres de ne pas les renverser. Voilà la vérité, voilà l'histoire. »

Il se fit un silence : les quatre hommes sérieux ne trouvaient point de réponse. Enfin, un d'entre eux hasarda d'un air capable :

« Il faut prendre l'humanité comme elle est, mon cher monsieur. Je ne vous le cache pas, votre république ne sera possible que *lorsque tout le monde sera vertueux.*

— Quand tout le monde sera vertueux ! A vous entendre, il n'y aurait donc, dans les républiques, ni lois contre les méchants, ni magistrats pour en ordonner l'exécution ! où diable avez-vous pris cela ? Pas de lois ! nous les voulons, au contraire, plus sévères, plus impitoyables que sous une monarchie ; car, lorsque les citoyens ont à leur disposition tous les moyens de manifester pacifiquement leurs désirs, qu'ils peuvent les faire triompher par la libre propagande et la libre discussion, se révolter, c'est commettre le plus injustifiable et le plus inutile des crimes.

— Mots en l'air et billevesées, toutes ces belles raisons ! Qui dit république dit révoltes continuelles.

— Je vous ferai remarquer, monsieur, que, sous le règne d'Isabelle et celui de son exécrable père, les insurrections ne manquaient pas... Les monarchies seules auraient, selon vous, le privilége de l'ordre ! elles l'ont beaucoup moins que les républiques, sachez-le bien, et cela par cette raison qu'une constitution nettement républicaine ouvre la porte à toutes les revendications, et qu'il n'est pas besoin alors de tirer des coups de fusil à ses gouvernants pour faire prévaloir ses idées. Pour qui réfléchit une minute, la liberté est le plus solide garant de la tranquillité publique.

— Comment cela, je vous prie ?

— Veuillez ne pas m'interrompre et vous l'allez comprendre. Supposez (puisse l'Espagne n'en pas tenter la déplorable aventure !), supposez que les Cortès restaurent la monarchie, qu'ils fassent cadeau du trône d'Isabelle à un prince quelconque, lui disant : « Tu vas t'asseoir là-dessus, tu y resteras jusqu'à ta mort ; et, toi mort, tes descendants s'y succéderont dans la suite des siècles. » Si ce prince ou son fils tourne au tyran, quel moyen légal et pacifique aura le peuple de se débarrasser de cette tyrannie? Aucun. Il lui faudra, de deux choses l'une : ou se résigner à la servitude, ou faire des barricades. Pas de milieu. Dans une république, au contraire, le pouvoir confié au président expirant tous les trois, ou quatre, ou cinq ans, absolument comme celui de l'Assemblée législative, la nation ne se voit pas obligée de recourir à la violence pour imposer sa volonté. Le vote est là qui, par son retour périodique, permet à l'opinion de vaincre sans bataille. Ne voyez-vous pas dans ce mécanisme la sauvegarde véritable de la tranquillité du pays ? Mais c'est tout bonnement la fin des révolutions ! sans compter que le droit, appartenant à chaque génération, de choisir ses gouvernants, — droit méconnu par l'établissement d'une monarchie héréditaire, — est ainsi réservé.

— Vous parlez comme s'il s'agissait pour l'Espagne de prendre, non un roi constitutionnel, mais un roi absolu.

— Raisonnons, s'il vous plaît. Vous attribuez à un homme le commandement des armées, c'est lui qui fait les généraux, lui qui fait les évêques, lui qui nomme à tous les emplois civils, lui qui dispense les décorations, — et vous ne croyez pas ce roi « constitutionnel » dangereux pour la liberté? Tenez, voulez-vous que je vous dise ce que c'est qu'un roi constitutionnel? C'est un personnage à qui tous les moyens sont abandonnés de se faire ROI ABSOLU dans un délai plus ou moins long. Je ne sache pas d'autre définition tant soit peu sensée, et, là-dessus comme sur le reste, l'histoire confirme pleinement mon dire. »

Les quatre hommes sérieux ne répondirent pas, mais allèrent, en ricanant, s'asseoir à une table de whist.

Le « fou » cependant se demandait avec tristesse si la raison devait être battue éternellement par les sornettes réactionnaires et si le sens commun n'aurait jamais son jour !

24 février 1869.

L'OPPOSITION NOUVELLE

Les jeunes gens ont salué cette année avec un vif plaisir l'avénement de quelques orateurs nouveaux. Il est toujours agréable pour une génération de montrer qu'elle vaut ses devancières par le talent et par l'énergie, et je ne sache pas un plus légitime orgueil. Mais cette satisfaction égoïste n'est pas tout. Il faut, considérant la chose de plus haut et d'un regard plus généreux, se demander si la démocratie bénéficiera vraiment de ces récentes renommées, si un intérêt, autre que celui de l'éloquence nationale, doit se réjouir en cette occasion.

Pour nous, quand nous applaudissons au triomphe de Léon Gambetta, quand nous désirons ardemment de le voir, lui et ceux de son âge, de son instruction et de sa virulence, prendre possession de la tribune législative, c'est qu'ils ne se borneront pas à l'initiative de leurs aînés de la gauche, c'est qu'ils se montreront réellement des « hommes nouveaux, » c'est qu'ils seront en progrès sur l'opposition actuelle.

I

On a souvent déploré, dans ces derniers temps surtout, la situation faite par le coup d'État aux hommes de valeur et d'indépendance qui ont aujourd'hui de trente à quarante ans. Que d'énergies abattues! Combien d'esprits vaillants à jamais découragés! Quelles tristesses, tournées au désespoir irrémédiable! Quel appauvrissement de l'intelligence et de la moralité française!

Bref, « le grand ressort » du pays serait brisé.

Eh bien, non! Ce ne sont là que des exceptions (j'écrirais presque : des apparences), cela n'est vrai qu'en partie.

Tandis que les plus nouveaux, les plus impressionnables, les tempéraments de femmes, si je puis dire ainsi, qui ont besoin d'une excitation quotidienne pour ne pas se laisser aller à l'affaissement définitif, donnaient tour à tour leur démission de citoyens et se résignaient aux regrets stériles, la plupart, fermes et confiants quand même, préparaient dans le silence la grande revanche de la liberté! Exilés de l'action, renvoyés de la place publique, mis comme au couvent par le coup d'État, ils ne se firent pas les trappistes, mais les bénédictins de la démocratie. Sans doute, cette retraite forcée leur arracha parfois des cris de colère et ils éclatèrent en indignation ; mais, ce tumulte de l'âme apaisé, ils se remettaient aussitôt, froids, patients et résolus, à la besogne sacrée. Œuvre obscur, travail inaperçu, qui ne se faisait jour que rarement dans quelques publications peu lues de la foule... Aussi demandait-elle avec angoisse, après avoir regardé autour d'elle : « Où sont donc les hommes nouveaux? je ne les vois pas. » Et ne les voyant pas, elle les niait.

Et cependant ils existaient, séparés, disséminés, s'ignorant les uns les autres, mais travaillant avec ténacité au même avenir et visant un but commun. On leur avait refusé la parole, ils se rattrapaient sur la méditation. Toutes ces questions, qu'on appelle sociales, et qui avaient surpris les hommes de **1848**, ils les étudiaient sans relâche, ils préparaient l'éclosion des réformes contenues dans ce mot « suffrage universel » et qu'il faudra bien en faire sortir tôt ou tard ; car ils ne veulent pas commettre la même faute d'ignorance que leurs anciens et perdre à leur tour le temps de la démocratie.

II

Les anciens! nous ne leur adresserons point de reproches; plus qu'à eux, les fautes commises sont imputables à l'époque où ils subirent leur éducation politique. Ainsi, point de récriminations. Qu'y gagnerait, d'ailleurs, la grande cause? mais ce n'est pas une raison pour ne pas constater, froidement et sans amertume, que la gauche actuelle n'a point le sens complet de ce que doit être une opposition issue du suffrage universel : la gauche actuelle, à parler vrai, n'est guère que la continuation fidèle des libéraux parlementaires d'autrefois. Elle retarde. Elle se limite malheureusement aux errements de ces députés qui, nommés par les privilégiés du sens, autrement dit par la bourgeoisie, se contentèrent de réagir contre l'arbitraire et les empiétements du Pouvoir, sans rien imaginer au delà, accomplissant ainsi, du reste, en son entier la mission que leur avaient donnée leurs électeurs

Mais les opposants d'aujourd'hui? Délégués de *toute* la nation, mandataires des travailleurs aussi bien que des bourgeois, accomplissent-ils *toute* leur mission en parlant comme s'ils n'étaient que les élus de ces derniers? Créés et mis au monde par une force nouvelle, ne doivent-ils pas se conduire en hommes nouveaux?

Assurément, chaque fois qu'il s'est agi de demander pour la Chambre une plus grande part dans la direction des affaires publiques; chaque fois qu'il s'est agi de défendre la dignité et la liberté des citoyens, ils ont fait leur devoir et l'ont fait magnifiquement, avec une éloquence que la jeune génération ne dépassera pas. Mais ont-ils élevé une revendication nouvelle; ont-ils été vraiment (j'y insiste) les représentants de la France nouvelle, née en même temps que le suffrage universel? Et tous leurs admirables discours ne pourraient-ils pas avoir été prononcés par Manuel ou le général Foy? « Qu'on les fasse brocher en un volume, me disait un ami, et qu'on imprime sur la couverture la date de 1825, ce millésime « leur sied mieux que 1869! »

Réflexion très-sensée.

Oui, encore une fois, pour ce qui est de la politique libérale propre à tous les temps et qui se réduit à ceci : « Surveiller jalousement le pouvoir exécutif, » nos députés de l'opposition l'ont soutenus avec une énergie dont il les faut louer; mais quant aux questions spéciales à cette époque-ci, aux questions introduites par la brusque survenue du suffrage universel, ils s'en préoccupent fort peu, nous semble-t-il, ils ne les voient pas distinctement, ils les entrevoient à peine. Et, cependant, elles crèvent les yeux à tout le monde. Aussi peut-on dire que nos députés ne sont pas hommes de *progrès* dans la signification sérieuse du mot.

Et ce que nous disons des députés s'applique de même à presque toute cette presse, qui, se proclamant démocratique, n'est que libérale à l'ancienne mode.

III

Eh bien, ces idées, ces questions nouvelles qui nous sollicitent de toutes parts et que le fait du suffrage universel impose aux méditations de tous les citoyens de mauvaise comme de bonne volonté, la jeune génération tient à honneur de s'y attaquer, elle est sérieusement décidée à vouer ce qu'elle a de cœur et d'intelligence à les résoudre et à les faire aboutir dans la pratique.

Hors cette visée, toute ambition de sa part serait illégitime et inutile.

Il faut donc, si elle arrive à la Chambre, qu'elle y entre avec un programme qui la révèle immédiatement comme l'expression profonde du suffrage universel.

Mais, dira-t-on, quant et comment la formulera-t-elle, les députés n'ayant plus le droit d'initiative? Je réponds que la discussion du budget permet l'abord de toutes les questions vitales pour un pays, puisqu'elle peut embrasser tout le système financier et politique.

Bien. Mais quel sera ce programme?

Il est un mot qui le résume admirablement : Justice. Au citoyen pénétré de ce qui tient dans ces trois syllabes, c'est-à-dire à quiconque veut l'équitable répartition des charges et des droits, le programme démocratique apparaît, visible et clair comme le jour.

Par exemple :

Est-il *juste* que l'ouvrier ne reçoive pas de sa main-d'œuvre une rémunération proportionnée au bénéfice qu'elle procure? Et, tant que le salariat existera, peut-il s'attendre à cette rémunération? Non. Il est *juste*, par conséquent, de faciliter les associations industrielles entre travailleurs, et, pour cela, de poursuivre sans relâche l'abolition de toutes les lois et de tous les règlements qui, les associations une fois créées, empêchent leur libre fonctionnement.

L'impôt foncier, qui prend dix et onze pour cent de son revenu au malheureux cultivateur, lorsque les valeurs mobilières ne subissent aucune taxe, est-il un impôt *juste?* Non. Il est *juste*, par conséquent, d'abroger une législation sous laquelle le plus utile et quasi le seul nécessaire des producteurs demeure écrasé, comme si ce n'était pas assez de la conscription et de la grêle.

Nous pourrions toucher ici quelques autres points du programme démocratique; mais il suffit d'avoir indiqué dans quel sens il sera conçu.

Donc, à l'exemple de leurs devanciers de la gauche, les hommes nouveaux revendiqueront toutes les libertés ravies, mais ils ne se tiendront pas quittes pour si peu envers le suffrage universel : car ils pensent qu'outre la liberté d'autrefois à reconquérir, ils ont celle de l'avenir à fonder ; que faire de l'opposition aux ministres n'est pas tout, qu'il faut encore faire de l'opposition à la misère, le plus féroce et le mieux armé des despotes.

Ne cessons pas de le répéter : Aussi longtemps que la terre française verra des misères autres que celles nées du vice et de la dissipation ou, d'un mot, des misères volontaires, nul démocrate ne doit se déclarer satisfait. On nous traitera d'utopistes, de théoriciens, — qu'importe ? Nous savons bien que la théorie d'aujourd'hui, c'est... la pratique de demain !

6 avril 1869.

TABLE

CHEZ LE MÊME ÉDITEUR

Effets (des) de la liberté, par M. le comte DE GARDANE,
1 volume in-8... 2 50

Impôt (l') et son emploi, *expliqués par demandes et par
réponses* (**Catéchisme du contribuable**), par
M. ISAMBERT. 3ᵉ édit. Br. in-32.—» 40 c.; par la poste   » 50

Comptes fantastiques d'Haussmann. — Lettre adressée
à MM. les membres de la commission du Corps législatif,
chargés d'examiner le nouveau projet d'emprunt de la
Ville de Paris, par M. JULES FERRY. 2ᵉ éd. Br. in-8.   1 50

Politique du grand-livre. (*Aux* 1,100,000 *rentiers. Le
nouvel emprunt et la*), par M. ACHILLE MERCIER.
3ᵉ édition. Brochure in-8.......................... 1   »

Marée (La) montante, Étude budgétaire, d'après les do-
cuments du livre bleu, par M. ACHILLE MERCIER.
4ᵉ édition. Brochure in-8. — » 50 c.; par la poste..   » 60

Crédit mobilier (le) et ses actionnaires. Br. in-8.   1   »

Où en est le Crédit foncier? Brochure in-8. » 50 c.;
par la poste.................................... » 60

Budgets de l'État (Progression comparée des), 1853-
1866, par M. HENRI MERLIN. — 1 vol. in-4....... 7 50

Le Bilan de l'Empire, par J.-E. HORN. 5ᵉ édition.
Brochure in-18.................................... » 40

Déficits (les) 1852-1868, par M. H. ALLAIN-TARGÉ.
Brochure in-8.................................... 1   »

**Libre Échange (la production, la consommation et
le),** par M. RAOUL BOUDON.
Brochure in-8. — » 50 c.; par la poste........ » 60

Coopération (la) et la politique aux ouvriers,
par M. P. MALARDIER, ancien représentant du peuple.
Brochure in-8. — » 50 c.; par la poste............ » 60

**Procès de l'Association Internationale des travail-
leurs.** Brochure in-8............................ 1   »

Manuel de morale et d'économie populaires,
par M. GOUDOUNÈCHE. Brochure in-18 1   »

Paris. — Imp. Ém. Voitelain, 61, rue J.-J.-Rousseau.

Paris. — Imp. Émile Voitelain et C⁰,   rue J.-J.-Rousseau.

www.ingramcontent.com/pod-product-compliance
Lightning Source LLC
Chambersburg PA
CBHW061427060726
47597CB00003B/1160